spot

DEPORTES

PORRISMO

por Mari Schuh

AMICUS | AMICUS INK

uniforme

pompones

Busca estas palabras e imágenes mientras lees.

mascota

truco

Comienza un juego. Las animadoras comienzan una ovación. ¡Vamos, equipo!

El equipo de animadoras baila. Aplauden. Ahora los fans son ruidosos. ¡Vamos a ganar!

M

¿Ves el uniforme?

Es brillante.

Tiene los colores del equipo.

uniforme

¿Ves a la mascota? La mascota hace cosas graciosas. Los fans se ríen.

mascota

1981 NATIONAL CHAMPIONS
GAME TIME

¿Ves los pompones?
Una animadora los agita
en el aire.

pompones

¿Ves el truco? La persona que es elevada en el aire es la voladora. ¡Sigan así!

truco

LABAMA

¡Mira ese truco!
Es un lanzamiento
de canasta. ¡Guau!

uniforme

pompones

¿Lo encontraste?

mascota

truco

Spot es una publicación de Amicus y Amicus Ink
P.O. Box 1329, Mankato, MN 56002
www.amicuspublishing.us

Copyright © 2021 Amicus.
Todos los derechos reservados. Prohibida la reproducción, almacenamiento en base de datos o transmisión por cualquier método o formato electrónico, mecánico o fotostático, de grabación o de cualquier otro tipo sin el permiso por escrito de la editorial.

Library of Congress Cataloging-in-Publication Data
Names: Schuh, Mari C., 1975- author.
Title: Porrismo / Mari C. Schuh.
Other titles: Cheerleading. Spanish
Description: Mankato, MN : Amicus, 2021. | Series: Spot. Deportes | Audience: Ages 4-7 | Audience: Grades K-1 | Summary: "North American Spanish translation of Spot Cheerleading. Elementary sports fans will chant their way through key vocabulary in this high-interest leveled reader about cheerleading. Simple text and color photos touch on uniforms, teams, equipment, and moves. A search-and-find feature reinforces key vocabulary"-- Provided by publisher.
Identifiers: LCCN 2019050203 (print) | LCCN 2019050204 (ebook) | ISBN 9781645491873 (library binding) | ISBN 9781681527161 (paperback) | ISBN 9781645492139 (pdf)
Subjects: LCSH: Cheerleading--Juvenile literature.
Classification: LCC LB3635 .S3618 2021 (print) | LCC LB3635 (ebook) | DDC 791.6/4--dc23
LC record available at https://lccn.loc.gov/2019050203
LC ebook record available at https://lccn.loc.gov/2019050204

Impreso en los Estados Unidos de America

HC 10 9 8 7 6 5 4 3 2 1
PB 10 9 8 7 6 5 4 3 2 1

For Natalie of Fairmont, Minnesota
—MS

Gillia Olson, editora
Deb Miner, diseñadora de la serie
Aubrey Harper, diseñadora de libro & investigación fotográfica

Créditos de las imágenes: Alamy/Cal Sport Media 8–9, Blue Jean Images cover, 16; AP/Butch Dill 12–13, Kevin Langley, 6–7, Michael Berg/Icon Sportswire 14–15, Michael Perez 4–5, Robin Alam/Icon Sportswire 3; Dreamstime/Shannon Fagan 1; iStock/cmannphoto 10–11